Observemos el tiempo

Viento

Cassie Mayer

Heinemann Library
Chicago, Illinois

Customer Service   888–454–2279

Visit our website at www.heinemannlibrary.com

Photo research by Tracy Cummins, Tracey Engel, and Ruth Blair
Designed by Jo Hinton-Malivoire
Translated into Spanish and produced by DoubleO Publishing Services
Printed and bound in China by South China Printing Company

10 09 08 07 06
10 9 8 7 6 5 4 3 2 1

Library of Congress Cataloging-in-Publication Data
Mayer, Cassie.
  [Wind. Spanish]
  Viento / Cassie Mayer.
      p. cm. -- (Observemos el tiempo)
  Includes index.
  ISBN 1-4034-8653-0 (hb - library binding) -- ISBN 1-4034-8661-1 (pb)
  1. Winds--Juvenile literature. 2. Weather--Juvenile literature. I. Title.
  QC931.4.M3918 2007
  551.51'8--dc22
                                        2006028243

Acknowledgments
The author and publisher are grateful to the following for permission to reproduce copyright material:
Alamy p. **15** (Michael Dwyer); Corbis pp. **4** (cloud; rain, Anthony Redpath), **5** (C/B Productions), **7** (George H. H. Huey). **9**, **11** (Lowell Georgia), **13** (China Newsphoto/Reuters), **14** (Lawrence Manning), **19** (Jim Reed/Jim Reed Photography), **20** (epa/Anatoly Maltsev), **21** (Ariel Skelley), **23** (hurricane, Jim Reed/Jim Reed Photography); Getty pp. **4** (lightning; snow, Marc Wilson Photography), **6** (Bob Elsdale), **8** (The Image Bank/Laurence Dutton), **10** (Panoramic Images), **12** (Asia Images/Mary Grace Long), **16** (National Geographic/Gordon Wiltsie), **18** (A T Willet), **23** (tornado, A T Willet); Shutterstock p. **22** (windsock with wind, Steven Robertson; windsock with no wind, Anders Brownworth; weather vane, Robert Kyllo; windmill, Barry Hurt).

Cover photograph reproduced with permission of Corbis (Royalty Free).
Back cover photograph reproduced with permission of China Newsphoto/Reuters.

Every effort has been made to contact copyright holders of any material reproduced in this book.
Any omissions will be rectified in subsequent printings if notice is given to the publisher.

Contenido

¿Qué es el tiempo?

El tiempo es cómo se siente el aire afuera.

El tiempo puede cambiar a cada rato.

El tiempo puede ser un día ventoso.

¿Qué es el viento?

El viento es aire en movimiento.

El viento se mueve en muchas direcciones.

Puedes sentir el viento.

Puedes ver cómo el viento mueve cosas.

El viento se mueve sobre la tierra.

El viento se mueve sobre el agua.

El viento puede ser leve.

El viento puede ser fuerte.

¿Qué hace el viento?

El viento mueve el aire alrededor del mundo.
El viento puede traer aire cálido.

El viento puede traer aire frío.

Tipos de viento

Algunos vientos cambian de dirección cada día. Los vientos de las montañas pueden cambiar de dirección cada día.

16

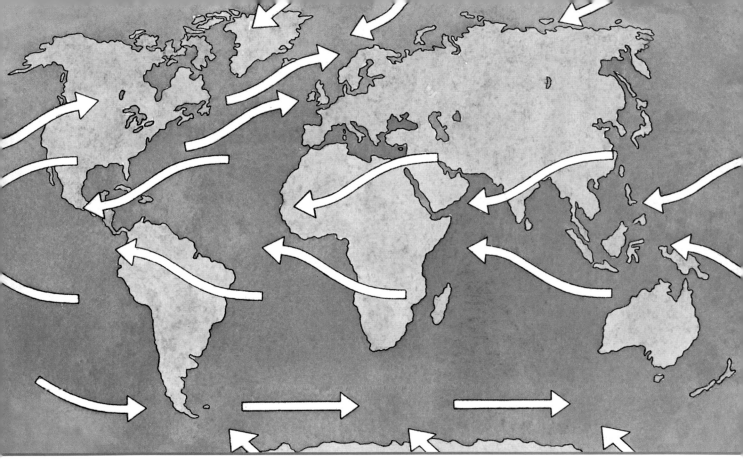

Hay vientos que soplan en una dirección por
un tiempo. Los vientos de los océanos pueden
soplar en la misma dirección por un tiempo.

17

Vientos peligrosos

Un tornado está formado por aire que gira. Tiene vientos muy fuertes.

Un huracán es una tormenta grande.
Tiene vientos muy fuertes.

¿Cómo nos ayuda el viento?

El viento puede traer lluvia.

El viento puede traer un día de sol.

El viento es una parte importante del tiempo.
¡También puede ser divertido!

Instrumentos para el viento

Esto es una veleta.
Muestra en qué dirección
sopla el viento.

Éstos son molinos. Usan el
viento para hacer que las
cosas funcionen.

Esto es una manga de viento.
Muestra en qué dirección sopla el
viento. También muestra con qué
fuerza sopla.

Glosario ilustrado

huracán una tormenta grande con vientos fuertes

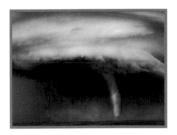

tornado una columna de aire que gira muy rápido

Índice

Nota a padres y maestros

Esta serie presenta el concepto del tiempo y su importancia en nuestras vidas. Comente con los niños las diferencias en el tiempo que ya conocen y señale cómo el tiempo cambia con las estaciones.

En este libro, los niños investigan el viento. Se incluyeron fotografías para captar la atención de los niños y a la vez reforzar los conceptos presentados en el libro. El texto fue elegido cuidadosamente con la ayuda de una experta en lecto-escritura, de modo que los lectores principiantes pueden leer con éxito tanto de forma independiente como con cierta ayuda. Se consultó a un experto en meteorología para que el contenido fuera acertado. Puede apoyar las destrezas de lecto-escritura para no ficción de los niños ayudándolos a usar la tabla de contenido, los encabezados, el glosario ilustrado y el índice.